AF349950

J.-B.-P. DEICHE

ANCIEN MAGISTRAT

J'ai, dans mes moments de loisir, tracé les portraits de quatre fonctionnaires, bien connus dans notre ville et dans le département. Sans amour-propre, ils sont admirablement réussis, tant ils sont fidèles. On croirait vraiment les voir et les entendre.

Si je ne demande pas leur insertion dans le journal qui réveille si peu agréablement les ennemis de la République, c'est que je crains que mon pinceau ne soit jugé trop sévère ; cela, contre toute méchante intention de ma part.

Et puis je serais infiniment malheureux de faire prononcer une amende atroce, voire même la suspension du journal que le tribunal de Périgueux porte dans son cœur. De l'avis de tout le monde, presque tous ses membres sont animés du républicanisme le plus ardent. J'ai eu longtemps l'honneur de les connaître, et je peux assurer que c'est une réputation infiniment usurpée.

Je dois dire, néanmoins, en tout esprit de justice, que je ne suis pas surpris que mes anciens collègues, bourrés de science, soient devenus, comme par grâce divine, des républicains raisonnables. Lorsque j'aime, ce n'est jamais à demi. C'est pour cela que je suis si heureux de m'occuper d'eux dans une petite brochure sur *l'inamovibilité* de la magistrature, qui jure dans un état démocratique. A part quelques petites anecdotes anodines, j'y prouverai, je crois, que les magistrats de Périgueux doivent, par exception, rendre la justice à perpétuité. C'est là, ce me semble, la meilleure preuve de mon attachement pour eux. Je suis bien convaincu qu'ils me le rendent avec usure. Merci, mille fois merci.

Ceci dit, rappelons un des faits les plus tristes de notre Révolution :

Les événements du 10 août (la prise des Tuileries), le décret célèbre de l'Assemblée sur la déchéance de Louis XVI et l'avancement de la saison, furent des motifs suffisants pour décider la coalition à pousser la guerre avec la plus grande activité. En conséquence, l'armée prussienne continua de marcher vers le centre, et s'empara, le 22 août 1792, de Longwy, l'une des places fortes de cette frontière.

Cette nouvelle se répand, le 26, à Paris, avec rapidité, et y cause une agitation générale. Sur la demande de la Commune, toujours la première à provoquer les mesures les plus énergiques, l'Assemblée ordonna que Paris et les départements voisins fourniraient, sous quelques jours, trente mille hommes ; cet enrôlement fut facile, grâce à l'enthousiasme qui régnait.

Le 30 août, le comité de défense générale, établi dans l'Assemblée pour aviser aux moyens de résister à l'ennemi, se réunit et appelle dans son sein le conseil exécutif pour délibérer sur les ressources de salut public. Divers avis sont mis en avant : ils sont jugés inefficaces. On propose, désespérant de résister en rase campagne, de porter toute la population en armes sous les murs de Paris pour y combattre avec désespoir. On propose même de se retirer, au besoin, à Saumur, pour mettre, entre l'ennemi et les autorités dépositaires de la souveraineté nationale, de nouveaux espaces et de nouveaux obstacles. Vergniaud et Guadet combattent l'idée de quitter la capitale.

Le fougueux Danton prend la parole : « On vous propose, dit-il, » de quitter Paris. Vous n'ignorez pas que, dans l'opinion des ennemis, Paris représente la France, et que leur céder ce point, » c'est absolument abandonner la Révolution. Reculer, c'est nous » perdre ; il faut donc nous maintenir ici par tous les moyens et » nous sauver par l'audace. Il faut surtout faire peur aux royalistes. »

A ces mots, accompagnés d'un geste exterminateur, la terreur se peint sur les visages. Aucun mot n'est ajouté à ces paroles et chacun se retire sans prévoir précisément, sans oser même pénétrer ce que préparait le ministre. Il se rend aussitôt après au Comité de surveillance de la Commune, qui disposait souverainement de la personne de tous les citoyens, et où régnait Marat. Les collègues ignorants et aveugles de Marat étaient Panis et Sergent, déjà signalés au 20 juin et au 10 août, et les nommés Jourdeuil, Desplan, Lefort et Lenfant. Là, dans la nuit du jeudi 30 août au vendredi 31, furent médités d'affreux projets contre les malheureux détenus dans les prisons de Paris.

Que penser de Danton ?

Que dire surtout des terribles massacres des 2, 3, 4, 5 et 6 septembre 1792 ?

L'historien se trouve parfois dans une position délicate et même difficile :

Ou taire, par lâcheté, sa pensée,

Ou s'exposer, en la signalant franchement, à passer pour un monstre.

Écoutons notre conscience, et disons, quoi qu'il puisse nous en coûter, tout ce que nous pensons.

Quant à Danton, c'est un des hommes qui ont le plus contribué au triomphe de notre première et glorieuse Révolution.

Quant aux regrettables journées de septembre, examinons de bonne foi l'impasse terrible où se trouvait notre France bien-aimée : Les Prussiens marchaient sur Paris et rien ne semblait pouvoir les arrêter. Les royalistes, heureux et triomphants de leurs progrès, conspiraient ouvertement. En attendant que Dumouriez repoussât si glorieusement les ennemis du dehors, il fallait en imposer à ceux du dedans. Dans un moment d'exaltation patriotique, un massacre, regrettable sans doute, fut organisé, et une infinité d'innocents dût en être la victime infortunée. Notre cœur en saigne ; mais nous sommes obligés de dire que ce fut peut-être une inexorable nécessité.

Telle est notre pensée, nous ne nous dissimulons pas qu'elle va nous susciter des haines nombreuses et implacables. Sans forfanterie, nous les attendrons avec calme.

Que Dieu pourtant, — nous le lui demandons avec la plus grande ferveur, — nous fasse la grâce d'être excusés, sinon approuvés, par nos parents et nos amis, les seuls à l'opinion desquels nous attachions le plus grand prix. Ils savent, eux, que nous ne sommes pas, par instinct, poussé au mal ; ils savent aussi que nous ferions, au besoin, et sans la moindre hésitation, le sacrifice même de la vie au bonheur du pays. La suprême loi est le salut de la patrie.

Nous ne voudrions, certes, pas exposer nos jours pour une cause légère ; et pourtant si nos adversaires politiques, poussés par une passion insensée, étaient bien aises de faire du bruit, qu'ils viennent, nous les attendrons, — ici sans provocation aucune, — les yeux dans les yeux, du haut de notre conscience. La décision suprême appartiendra ensuite à la *justice de la Providence.*

Il est aisé de voir que nous n'approuvons pas les crimes des 2, 3, 4, 5 et 6 septembre 1792.

En voici quelques monstrueux détails :

Le nommé Maillard, ancien huissier, homme intelligent, mais sanguinaire, qui avait figuré à la tête des femmes dans les fameuses journées des 5 et 6 octobre, s'était composé une troupe d'hommes grossiers et propres à tout oser. Le 2 septembre, jour de dimanche, il se rendit avec sa bande à l'Abbaye, où se trouvaient vingt-quatre prêtres ; ils furent impitoyablement massacrés, à l'exception d'un seul, l'illustre abbé Sicard, qui a donné, on peut le dire, une nouvelle existence aux malheureux sourds et muets.

L'affreux Maillard se rendit ensuite à l'église des Carmes, où deux cents prêtres furent cruellement mis à mort.

La bande sanguinaire se divisa aussitôt après, et porta le ravage aux autres prisons de Paris : au Châtelet, à la Force, à la Conciergerie, aux Bernardins, à Saint-Firmin, à la Salpétrière, à Bicêtre : Les mêmes massacres furent commis, et les flots de sang coulèrent comme à l'Abbaye.

L'évaluation du nombre des victimes diffère dans tous les rapports du temps ; cette évaluation varie de six à douze mille dans les prisons de Paris.

Mais ce qu'il y eut de plus dégoûtant, c'est que la commune affecta 24 livres à chacun des travailleurs de septembre, ce qui veut dire égorgeurs. On peut lire, en effet, au registre de ses dépenses, la mention des sommes payées à ces infâmes égorgeurs ; on y verra, en outre, à la date du 4 septembre, la somme de 1,463 livres affectée à cet emploi.

Horreur ! mille fois horreur ! oh ! que nous ressentons bien que nous ne sommes pas pétris en révolutionnaires accomplis, tels que semblent les entendre certains fous, ou plutôt des ennemis déguisés de la République. Nous la voulons sage, conservatrice ; mais qu'elle soit enfin la vraie République, que ne nous ont pas donnée des ministres qui se vantent d'être éminemment républicains. Qu'ils y prennent garde ! le pays, et les députés qui en sont la représentation, veulent impérieusement un gouvernement conservateur, conciliateur, si c'est possible ; mais énergique et ferme jusqu'aux dernières limites. A bon entendeur, salut !

Voilà mes vrais sentiments ; pourtant je répéterai toujours, toujours : horreur ! un million de fois, horreur aux hideux massacres de septembre. Je regrette de tout cœur d'avoir semblé les approuver, en disant qu'ils étaient peut-être une inexorable nécessité.

Nous entendons d'ici quelques républicains exaltés : jusqu'à Deiche, s'écrient-ils, sur lequel nous comptions tant, qui nous abandonne. Oui, si vous appelez abandonner, que ne pas vous suivre dans la pratique d'exagérations insensées, qui perdraient infailliblement notre chère République qui nous à tant coûté. Entendons-nous, une fois pour toutes, Messieurs, ai-je osé écrire ce mot — les révolutionnaires enragés ! — je n'appartiens servilement à aucun parti ; le mien, c'est moi. Inhabile à commander, je ne saurai — je ne l'ai jamais su — obéir ; je serais donc un soldat trop indiscipliné. Je peux pourtant, sans amour-propre, être de quelque utilité. C'est de rappeler, dans quelques articles, des faits de notre première et glorieuse révolution. A mon avis, c'est ce que ne font pas assez les journaux, même ceux de Paris.

Il est aisé de voir par tout ce qui précède, que je n'approuve pas plus que Quinet et Louis Blanc, les meurtres de septembre.

C'est ce que semblait n'avoir pas compris un de mes amis intimes, qui a de l'esprit à en revendre, et un cœur exquis. Après la lecture de mon premier article, il me disait le soir, au cercle : « Je crains, mon cher Deiche, » que vous soyez mal jugé des personnes qui ne vous connaissent pas bien. Il est même possible que d'autres, plus indulgentes, estiment que vous vous êtes laissé entraîner trop loin. Pensez-vous, me disait-il, en terminant, que les massacres de septembre aient eu pour effet d'arrêter les Prussiens ? »

Non, lui répondis-je ; mais, comme le cercle n'est pas très-gai, tuons le temps à examiner si, comme nous le disions au Palais, il n'existe pas des circonstances éminemment atténuantes.

Et d'abord, Paris était toujours sous le coup de la terreur, inspirée par le monstrueux manifeste du duc de Brunswick, en date du 25 juillet.

Les patriotes, appartenant à une classe relativement élevée et doués d'intelligence et d'instruction, devaient craindre de voir anéanti tragiquement tout ce qui avait été fait pour l'affranchissement et la liberté.

Le peuple voyait déjà, sous les murs de Paris, les Prussiens, qui venaient à marche forcée, après s'être emparés de nos places fortes.

Le roi et la cour ne prenaient aucune mesure pour les arrêter. Les royalistes, en grand nombre dans la capitale et dans quelques provinces, étaient heureux et triomphants de leurs progrès ; furieux, exaspéré, redoutant la servitude sous laquelle il avait gémi durant de si longues années, hurlant la faim, enivré par la vue et l'odeur du sang, il se livra à des crimes atroces.

Vous voyez, mon cher avocat, que, sans les approuver, il est facile d'en expliquer la cause.

Et puis, quels sont ceux qui crient le plus fort contre les journées de septembre ?

Les cléricaux, qui bénissent du fond du cœur la Saint-Barthélemy, et qui seraient, peut-être, médiocrement désolés d'en voir une d'un autre genre, mais complète, contre ces infâmes républicains de toutes couleurs ;

Les partisans des dragonades ;

Les monarchistes qui ont fait la Terreur blanche, après le retour des Bourbons ;

Et, chose incroyable, si nous ne les entendions, ces bons et humains bonapartistes qui ont impitoyablement massacré au coup d'Etat, et qui ont, sans jugement, envoyé en exil ceux qu'ils n'avaient pu assassiner.

Disons, pour n'y plus revenir, que ce furent de vrais et cruels assassinats contre la Patrie, les actes des Vendéens et des émigrés se joignant aux ennemis du dehors pour se ruer sur le pays. Ce qui prouve qu'en temps de révolution, des gens, même honnêtes, méconnaissent toutes les notions du bien.

J'ai dit ailleurs que notre République bien-aimée était littéralement environnée d'ennemis. J'ai dit aussi que le gouvernement n'avait rien fait, absolument rien, à part quelques réformes insignifiantes, pour conjurer les dangers. Prouvons aujourd'hui l'une et l'autre de ces propositions. Animé seulement du saint amour de la patrie, je le ferai sans crainte et surtout sans fiel.

Quant aux anti-républicains qui guettent pour épier nos fautes, et qui rient *in petto* de notre sotte mansuétude, ils sont infiniment plus nombreux qu'on ne saurait le croire.

Bourgeois, magistrats, orléanistes, légitimistes, bonapartistes, cléricaux, tous n'aspirent qu'au moment — ceci par des moyens plus ou moins légaux et humains — de chanter triomphalement notre défaite. Pauvres gens ! Ils ne savent donc pas que le peuple, même celui des campagnes, à part quelques départements pourris, comme le nôtre, vient franchement à nous ! Ils ne savent donc pas que, s'ils sont tentés de faire les méchants, nous le serons à notre tour ? Un bon conseil à leur donner à tous : Ils sont tranquilles, cela doit suffire ; qu'ils n'aillent pas s'attirer de mauvais jours.

Après cet avis salutaire, commençons, comme l'on dit, par le commencement :

Les bourgeois. Que seraient-ils sans la révolution de 89 ? Comme moi, ils connaîtraient à peine leur A, B, C, D. Comme moi, ils gémiraient dans la pauvreté. Eh bien ! grâce aux bienfaits de notre immortelle révolution, tous savent lire. Il en est même, mais ceux-ci sont franchement à nous, qui brillent dans les sciences et dans les arts. Quant aux autres, ignorants comme des carpes, rien n'est plus gai et plus risible que de les entendre, mais seulement pendant cinq minutes, discuter imperturbablement histoire, géographie, guerre, littérature, et surtout politique. Si j'étais encore juge, et que j'eusse à frapper un grand coupable, je le condamnerais, inventant une peine atroce, à les écouter pendant une heure. Ce serait une autre sorte de travaux forcés à temps.

Mais qu'on ne pense pas que là se borne le ridicule de ces sots vaniteux. Ne pouvant, et surtout n'osant pas conspirer contre le nouvel ordre de choses, ils se figurent se rendre redoutables en établissant des cercles hostiles. C'est ainsi qu'a été créé et mis au monde celui des dissidents, ainsi nommé par suite de la fameuse et mémorable séparation de celui de Michel-Montaigne. Ceux qui y sont restés ont eu un tort immense. : c'est de ne pas consentir à une illumination en l'honneur du grand Mac-Mahon.

Une rupture éclata, et ses partisans se retirèrent avec fracas. Ils sont, dit-on, assez nombreux. C'est naturel : qui se ressemble s'assemble.

Tel est ce fameux cercle. Ses membres sont-ils un tant soit peu républicains ? Il faut répéter ici avec le poëte :

Apparent rari nantes in gurgite vasto.

Que la République ne tremble pourtant pas ; cela, pour une excellente raison : les illustres dissidents ont un goût bien peu prononcé pour l'odeur de la poudre.

Parmi eux figurent avec éclat quelques fonctionnaires, bien peu rassurés sur leur position ; ils bégayent, en grimaçant, leur attachement à la République : que les divers ministres ne s'y fient pas outre mesure !

Assez de ces bourgeois dont la conduite est écœurante. Un mot maintenant des légitimistes :

Leurs chefs sont consciencieux, pleins de courage ; mais leur armée n'a presque pas de soldats. Ils ne songent certes pas au retour, en cas de succès, des priviléges anciens. Ils connaissent trop l'esprit du siècle, pour n'avoir pas compris qu'ils ne peuvent revivre sur la terre libre de France ; et pourtant, fidèles à leur foi, ils rêvent encore des illusions. Espérons qu'Henri V, le plus honnête homme de son temps, les convaincra que, tout en aimant toujours passionnément son pays, il doit se résigner à ne pas y rentrer ; sainte et noble résolution qui nous épargnera les horreurs d'une guerre civile !

Quant aux princes d'Orléans, dont le père a occupé le trône pendant 18 ans et qui a fait fleurir le commerce et l'industrie, qu'ils n'oublient jamais que leur glorieux auteur a préféré l'exil à la pensée de faire verser une seule goutte de sang français ; qu'ils soient, d'ailleurs, bien convaincus qu'ils ont irrévocablement perdu toute chance, du jour où, désertant les principes de 89, ils sont allés à Frohsdorf, aux pieds du représentant du droit divin.

Pour ce qui est des bonapartistes, nous n'avons rien, absolument rien à craindre d'eux. Après tous les affreux malheurs appelés sur le pays, l'Empire était mort depuis longtemps ; il a été définitivement enterré dans la personne du jeune prince Louis. Notons que ce descendant de l'Empereur Ier a expiré au service de l'Angleterre. Il aurait dû, ce semble, comprendre tout ce qu'il y avait d'étrange dans la détermination qu'il prenait. Il n'aurait jamais dû oublier qu'après le sanglant désastre de Waterloo, Napoléon, se fiant à la générosité anglaise, se livrait noblement à ses plus mortels ennemis. Méconnaissant tout ce qu'il y avait de grand dans une telle conduite, le ministère anglais le transféra à Sainte-Hélène sous la surveillance de l'infâme sir Hudson-Lowe. Nous voulons bien croire que la fière Angleterre dut souffrir de la conduite de l'impitoyable geolier envers l'homme qui l'avait faite tant de fois trembler.

Quoiqu'il en soit, l'héritier du fatal empereur part, désireux de se couvrir de gloire, et d'arriver plus vite, par cette voie, au trône de son père. C'est une partie terrible qu'il va jouer ; il la perd sous les coups des Zoulous.

On a, généralement en France, le cœur bon et sensible. On y déplore la fin tragique de ce jeune homme de vingt-trois ans, qui n'avait jamais, lui, fait aucun mal au pays.

On y plaint aussi cette mère infortunée qui, venant de perdre le plus beau trône du monde, avec l'époux qui le lui avait donné, se trouvait si cruellement frappée dans la personne de son fils, fils unique, sa seule consolation et son seul espoir. (Pensait-elle peut-être de revoir les Tuileries qu'elle aimait tant.) Exemple terrible de la justice divine !

C'était là, il faut dire le mot, sans vouloir manquer de respect à une douleur immense, de la sensiblerie. On ne tarde pas de se souvenir que cette impératrice si fière, qui se vantait d'avoir fait sienne la guerre de 1870-1871, a causé la mort de tant de milliers de jeunes gens, eux aussi la joie et l'espoir de leurs malheureuses mères.

Qu'il nous soit permis de rappeler ici le trépas de ces deux braves militaires, les frères Lacombe, tombant glorieusement à côté l'un de l'autre, sous les murs de Paris. Oh ! quelle douleur atroce pour le père ! Dieu lui a heureusement laissé une fille tendre et dévouée, des petits enfants charmants et un fils qui, héritant de sa science, héritera aussi de son cœur et de son zèle infatigable à soigner les malheureux.

Mais que pouvoir dire de cet autre docteur, savant entre tous, de cette mère inconsolable, qui ont été privés, eux, de leur fils unique. Je l'ai particulièrement connu, quoique bien plus jeune que moi. A un physique des plus agréables il joignait, ce qui vaut mieux, un cœur d'or. Je me souviens qu'étant à Paris, je lui dis : Ne seriez-vous pas, mon jeune ami, flatté d'avoir, un jour, une belle clientèle dans la capitale ? Pour tous les trésors du monde, me répondit-il de suite, je ne voudrais me priver du bonheur de vivre près d'un père et d'une mère qui m'aiment de tout leur cœur, et que je ne saurais jamais chérir assez. Il était fortement ému l'excellent et digne jeune homme. Je l'étais presque autant que lui ; je lui serrai la main, convaincu que je pressais celle d'un élève studieux qui serait un homme dans toute l'acception du mot.

Je comptais, hélas ! sans la fatale guerre de 1870-1871. Le jeune médecin entre dans un des forts de la capitale. Un obus prussien éclate et blesse plusieurs soldats. Ne consultant que sa valeur naturelle et son dévouement, Parot se précipite au plus fort du danger pour leur prodiguer ses soins ; il y reçoit une blessure mortelle ; il expire quelques jours après, et la dernière parole de ce digne fils est pour ses parents infortunés. Ses cendres sont aujourd'hui à Périgueux, et il n'est pas un Périgourdin qui, passant près de son tombeau, ne le salue avec recueillement et respect. Ce doit être une sorte de consolation, s'il peut y en avoir, pour une mère et un père voués à tout jamais à la tristesse et aux larmes.

Oh ! que je la conçois cette douleur immense, moi qui ai eu le malheur de perdre trois charmants petits enfants. Dieu, et je l'en bénis tous les jours, m'en a donné deux autres. Je n'ai jamais oublié les premiers ; je prie chaque soir pour eux, et je demande surtout, avec instance, la conservation des seconds.

Chers et jolis petits amis ! ils aiment tendrement grand-père qui le leur rend avec usure, car il les chérit de tout cœur.

J'ai parlé de quatre genres d'ennemis acharnés contre la République :

1° Les bourgeois ignorants et ingrats qui, comme leurs pères, seraient encore dans la servitude sans la bienfaisante Révolution de 1789 ;

2° Les légitimistes ; ils ont, comme je l'ai dit, des chefs intrépides et consciencieux ; mais c'est une armée presque sans soldats ;

3° Les orléanistes. Ils pouvaient, jusqu'à un certain point, être à redouter. Mais les héritiers de Louis-Philippe ont irrévocablement perdu toutes chances du jour où, désertant les principes de 1789, ils sont allés à Frosdhorf, aux pieds du représentant du droit divin ;

4° Les Napoléoniens, morts depuis les affreux désastres occasionnés à la France ; ils ont définitivement été enterrés dans la personne de leur jeune prince.

Ainsi, nous pouvons, comme l'on dit vulgairement, dormir sur nos deux oreilles.

Il reste pourtant encore deux sortes d'ennemis irréconciliables. C'est là, on peut me croire, le mot vrai.

La magistrature : elle est, tout le monde le sait, et elle l'a prouvé par ses actes, composée en majeure partie de napoléoniens qui, s'ils ne savent pas le premier mot de Barthole et de Cujas, rachètent amplement le défaut de science par une haine invétérée contre la République.

Oh ! qu'il savait bien ce qu'il faisait le second Empire, lorsqu'apparaissait le décret sur la limite d'âge des magistrats ! L'illustre M. Thiers, qui honorait infiniment le modeste juge de Périgueux, m'écrivait, en parlant de ce décret : « De toutes les fautes de l'em» pire, c'est la mesure la plus funeste pour les justiciables. » Dèslors, ils furent privés, soit dans les tribunaux, soit dans les cours, de membres qui joignaient à un grand savoir une longue expérience des affaires. Pour ne citer qu'un exemple, la Cour de Bordeaux a perdu vingt-cinq conseillers, tous dans la plénitude de leurs facultés intellectuelles. Dieu, et surtout les infortunés justiciables, savent tout ce qu'ils doivent à leurs remplaçants.

Et qu'on ne croie pas que la nouvelle magistrature de l'empire n'a que le privilége de ne pas rendre toujours de bonnes décisions. Se souvenant de son origine, elle déteste cordialement la République, et touche pourtant l'argent qu'elle a la bonhommie de lui donner, prétendant qu'il n'a pas d'odeur.

Il est temps, mais grand temps que ce funeste état de choses cesse. Je sais bien que le savant et intègre Ministre de la Justice a fait beaucoup ; mais ce n'est pas assez. Qu'il veuille bien me permettre un conseil.

De toutes les réformes qui s'agitent, il n'en est qu'une vraiment efficace, la suppression. Lorsqu'un membre est gangrené, le chirurgien habile n'hésite pas une seconde à opérer l'amputation.

Nous voici enfin venus au parti clérical. Comme l'a dit avec raison Gambetta, voilà l'ennemi sérieux et irréconciliable. Les principaux chefs sont les jésuites, dont la fameuse devise est : *Omnia pro dominatione.* Pour l'atteindre, rien ne leur coûte, même les crimes les plus odieux, prétendant que le but justifie les moyens.

Ce sont ceux qui dictent des lois aux simples prêtres, aux évêques, aux archevêques, aux cardinaux et au pape.

Il n'en a pas toujours été ainsi en France, où a longtemps brillé le gallicanisme. On y a successivement remarqué l'aigle de Meaux, le sensible Fénelon, les célèbres prédicateurs Massillon, Fléchier, Bourdaloue. Aujourd'hui, être gallican serait une impiété révoltante.

C'est, sans nul doute, ce que pense l'archevêque de Besançon, M. *Bonnechose*, qui est également d'avis que tout son clergé doit être complètement soumis. Voici comment il s'exprimait un jour au Sénat : « Mon armée est nombreuse, animée du meilleur esprit, » et habituée à une discipline qui va jusqu'au rigorisme. »

Cette doctrine a, dit-on, l'entière approbation de l'évêque de Périgueux et de Sarlat. Rempli de qualités, de vertus, écrivant à merveille, mieux qu'il ne parle, il pousse le zèle religieux jusqu'au fanatisme. Recevant un jour le corps d'officiers, il disait : « Nous aussi nous sommes soldats, mais soldats du pape. »

Pardon, mille fois pardon, Monsieur l'évêque, je dois me confesser et dire : « J'aime les soldats, mais à pantalons rouges, non à soutanes. Les premiers, sous des chefs habiles, vengeront, si l'occasion favorable se présente, nos anciennes défaites. Les seconds, au contraire, vous le savez bien, partiraient, la joie dans l'âme, pour aider le pape à reconquérir ses Etats et le pouvoir temporel. »

Ceci commence à sentir prodigieusement le roussi. On ne manquera certes pas de crier sur tous les tons que je ne suis qu'un impie et un hérétique. Pauvres gens ! qu'ils sachent que, si je ne pratique pas, j'ai conservé la foi de mes pères. C'est ce que blâmeront certainement quelques révolutionnaires exaltés qui prétendent qu'on ne peut être républicain si on croit à la Providence. Ils ne savent donc pas que Voltaire et Maximilien Robespierre après lui ont dit : « S'il n'y avait pas un Dieu, il faudrait l'inventer. »

Je n'admets pas, il est vrai, l'intrusion du clergé dans la politique, la prépondérance de l'Eglise dans l'Etat, l'ingérance de ses ministres dans le gouvernement. La Théocratie, sous n'importe quelle forme, est en contradiction absolue avec le principe de la souveraineté nationale, qui est devenue l'irrévocable charte de la France. Ainsi, je ne veux pas que le pape y règne par son armée innombrable de prêtres. Mais je veux que le clergé reste dans sa mission, qu'on lui laisse toutes les libertés nécessaires pour l'accomplissement de son apostolat.

J'entends une voix d'outre-tombe, celle d'un saint prêtre avec qui j'ai été intimement lié. S'il n'a pas fait de moi un fervent catholique, il n'a pas peu contribué à raffermir les vrais principes religieux : « Oui, me crie-t-il, vous prêchez la vraie religion, celle » qui a été dénaturée par des préceptes qui n'émanent pas de Dieu,

» et par des cérémonies qui ne tendent qu'à éblouir le sot dévot et
» non à convertir le pécheur. »

Telle était l'intime conviction du savant et pieux évêque M. Baudry. Tous ses efforts tendaient à faire concorder les vrais préceptes du christianisme avec les principes de notre société nouvelle.

Mais, comme on dit avec tant de vérité :

Tant de fiel entre-t-il dans l'âme des dévots ?

La majeure partie des membres du clergé périgourdin détestait cordialement notre saint prélat. C'est ce que leur fit cruellement sentir, dans une oraison funèbre demeurée célèbre, M. Landriot, évêque de La Rochelle, mort depuis archevêque de Reims.

———

Je suis bien aise, avant de finir cette petite brochure, de faire connaître ce qui m'a empêché jusqu'ici de publier mon ouvrage des *Révolutions françaises*. En voici le motif :

Le premier volume, contenant six cent trente pages, était imprimé et à même d'être publié. J'ai cru avoir trop puisé dans l'ouvrage du grand historien M. Thiers ; ne voulant pas passer pour plagiaire, j'ai tout refondu, et j'espère pouvoir paraître dans trois mois. J'aurai donc ainsi, en partie, suivi le grand précepte :

Vingt fois sur le métier remettez votre ouvrage.

C'est très bien ; mais j'ai été entraîné en des dépenses folles qui diminuent considérablement mes modestes revenus.

Adieu tous ces beaux rêves de voyages à l'étranger !

Ce n'est peut-être pas un mal, à quatre-vingts ans sonnés, il faut en tout cesser de faire le jeune homme.

Un mot maintenant sur mes espérances :

Sans fatuité, je crois réussir. Cela pour trois motifs :

Le premier : j'ai la conscience en mon œuvre. Ce n'est pas trop mal écrit ; et puis j'entre sans crainte dans des considérations qui respirent le vrai républicain, voire même le révolutionnaire, mais dans la bonne acception du mot.

Le second motif : J'ai de nombreux amis politiques ; ils ne voudront certes pas laisser dans la gêne leur infortuné coreligionnaire ;

Le troisième motif : Pour celui-ci, il est aussi infaillible que curieux. Le voici :

Bourgeois ingrats et ignorants, légitimistes, orléanistes, napoléoniens, magistrats, cléricaux, tous, à l'envi, s'empresseront d'acheter mon livre : Pourquoi ? C'est qu'ils seront bien aises de voir la continuation de tout le bien que je pense d'eux. Chose risible, qui ne s'était pas encore vue ? Ils viendront enfler l'escarcelle de l'infidèle.

Comme il n'aime pas à thésauriser, il se servira de leur argent pour célébrer leurs louanges.

Il n'a qu'une crainte, c'est que le livre ne soit pas volumineux.

PÉRIGUEUX. — IMPRIMERIE J. BOUNET, COURS TOURNY, 15.